ADRIENNE LECOUVREUR,

IMPRIMERIE DE A. BARBIER,
RUE DES MARAIS S.-G. N. 17.

ADRIENNE LECOUVREUR,

Comédie en trois Actes et en prose,

PAR

MM. ANTONY-BÉRAUD et VALORY;

REPRÉSENTÉE POUR LA PREMIÈRE FOIS

SUR LE THÉATRE ROYAL DE L'ODEON,
LE 12 MARS 1830.

A PARIS,

CHEZ J.-N. BARBA, ÉDITEUR,

ET AU MAGASIN DE PIÈCES DE THÉATRE,

DERRIÈRE LE THÉATRE FRANÇAIS.

—

1830.

PERSONNAGES.   ACTEURS.

MAURICE, comte de SAXE, maréchal de camp au service de France, amant d'Adrienne.   MM. Lockroy.
ARGENTAL (le comte d'), chargé d'affaires du duc de Parme en France, ami de Maurice.   Delafosse.
PATKOF (le baron de), envoyé de Russie.   Ferville.
ALPHONSE, aide-de-camp du comte de Saxe, amant de mademoiselle Dangeville.   Mlle. Delatre.
LEGRAND, acteur de la Comédie-Française.   MM. Adol.-Vincent.
POISSON *idem*.   Leroux.
SARRASIN, *idem*.   Dupont.
DESPRÉS, valet de chambre français, attaché au service du Baron.   Stokleit.
Un Officier de la maison du roi.   Champein.
Un Domestique de M. d'Argental.   Auguste.
ADRIENNE LECOUVREUR.   Mme. Moreau-Sainti.
Mlle. DANGEVILLE, actrice de la Comédie-Française.   Mlle. Eulalie Dupuis.
Une Femme de chambre d'Adrienne.
Un Domestique d'Adrienne.
Domestiques du comte d'Argental.
Garçons de théâtre de la Comédie-Française.

La Scène se passe, le premier acte, à Paris, dans la maison d'Adrienne, le second et le troisième à Versailles.

ADRIENNE LECOUVREUR,

COMÉDIE EN TROIS ACTES.

ACTE PREMIER.

Le Théâtre représente un Salon de la maison d'Adrienne Lecouvreur. A droite et à gauche des portes; dans le fond, une porte à deux battans; dans l'angle, à droite, une fenêtre; à gauche, une table chargée de livres et de brochures.

SCÈNE PEMIÈRE.

LE BARON.

LE BARON, en entrant à un domestique d'Adrienne.

J'attendrai ici que Mademoiselle Lecouvreur soit visible. (*Il descend la scène; le domestique sort.*) Si ce n'est pas inouï! un chambellan de la Czarine, de l'autocrate de toutes les Russies, en mission auprès de la cour de France, le colonel baron de Patkof, faire anti-chambre chez une comédienne! Maudit amour! avec lui il n'y a pas moyen de tenir son rang; il confond toutes les conditions; d'un rustre il fait souvent un homme d'esprit, et un grand sot d'un grand seigneur. Heureusement ma passion n'en est pas encore arrivée là. Je suis, il est vrai, amoureux, très-amoureux; mais on m'accorde dans le monde beaucoup d'esprit, de finesse; à mes petits soupers il n'y a qu'une voix sur mon compte; et quant à ce ton exquis, à ces manières élégantes, à ce délicieux... je ne sais quoi, que les femmes adorent, je les ai si parfaitement étudiés que chacun ici me prend pour un Français.

SCÈNE II.

Les mêmes, DESPRÉS, et d'abord le domestique d'Adrienne.

DESPRÉS, au domestique qui veut l'empêcher d'entrer.

Puisque je vous dis que j'appartiens à M. le baron.

LE BARON.

Qu'est-ce ?.. eh! c'est Després, ce valet de chambre français que j'ai pris hier à mon service. (*à Després.*) Arrive donc, coquin.

DESPRÉS, au domestique d'Adrienne qui se retire.

Vous voyez bien que Monseigneur me connaît. (*Descendant la scène et allant au baron.*) En me rendant en toute hâte à votre hôtel, selon vos ordres, Monseigneur, j'ai aperçu votre carrosse à la porte de mademoiselle Lecouvreur, et je suis monté... C'est donc ici le temple de la déesse à laquelle Monseigneur veut sacrifier ?

LE BARON.

Précisément.

DESPRÉS.

La belle Adrienne! diable! notre Melpomène n'est pas une de ces divinités qu'il soit facile de se rendre propices.

LE BARON, avec suffisance.

Tu crois ?

DESPRÉS.

Sa liaison avec le comte Maurice de Saxe.....

LE BARON.

Ne sera pas éternelle, je t'en réponds.

DESPRÉS.

Et c'est Monseigneur qui opèrera ce prodige ?

LE BARON.

Déjà opéré aux trois quarts !.. Qu'y a-t-il d'étonnant ? Un chambellan n'a-t-il pas la clef de tous les cœurs ? la clef d'or ?

DESPRÉS

C'est juste ; cette clef-là ouvre toutes les portes. Ainsi la charmante Adrienne a daigné agréer l'hommage de Monseigneur.

LE BARON.

Pas encore précisément. Mais, d'une part, la froideur qui commence à régner entre elle et Maurice; de l'autre, mon mérite... et puis des mots, des regards, dont nous autres séducteurs connaissons tout le prix... enfin, suffit; un chambellan diplomate sait lire dans les cœurs; et j'ai à cet égard un talent incroyable. On veut me montrer de l'indifférence; on s'efforce de rire de moi et de mon amour... Manège! manège, dont le but est de m'enflammer davantage. Je suis aimé, te dis-je, j'en suis certain, et même excessivement aimé.

DESPRES.

Ah! c'est différent!

LE BARON.

Oui, mais comme ce manège-là me mènerait trop loin, et que ma mission peut finir d'un moment à l'autre, je veux brusquer le dénouement. Voyons, que dois-je faire?

DESPRES.

C'est très-embarrassant... parbleu! s'il s'agissait d'une vertu courante de coulisses, je vous dirais: Envoyez-lui une parure de mille écus, bien enveloppée dans un billet au porteur, et...

LE BARON.

Et mes avantages personnels feraient le reste.

DESPRES.

Si c'était une marchande; vous iriez faire une emplette chez son mari....

LE BARON.

Et je le prierais d'envoyer sa femme toucher chez moi la facture.

DESPRES.

Ou bien encore une grande dame de la cour; vous laisseriez tout bonnement votre voiture pendant une nuit à sa porte...

LE BARON.

Et la belle, voyant sa réputation compromise pour rien, aimerait beaucoup mieux qu'elle le fût pour quelque chose... je sais tout cela.

DESPRES.

Mais une comédienne célèbre, non moins remarquable par

les grâces de la figure, que par les qualités de l'esprit... qui n'est point intéressée...

LE BARON.

Non; mais dont le cœur parle en secret pour moi...

DESPRES.

Mais qui ne veut pas consentir à vous l'avouer...

LE BARON.

C'est çà! eh bien?

DESPRES.

Je ne vois qu'un moyen.

LE BARON.

Quel est-il?

DESPRES.

Un peu violent.

LE BARON.

Enfin.

DESPRES.

Il faudrait qu'aujourd'hui même, lorsque Adrienne sortira de chez elle, elle fût conduite, avec tous les égards qu'elle mérite, à votre jolie petite maison de Versailles...

LE BARON.

Un enlèvement!

DESPRES.

Un enlèvement.

LE BARON.

Ça n'est pas neuf.

DESPRES.

Non, mais ça n'en est pas moins sûr.

LE BARON, à lui-même.

Au fait, ce drôle a raison. Ce qui coûte le plus aux belles ce n'est pas d'être vaincues, pas du tout; c'est de l'avouer. Tout notre art consiste donc à leur procurer les plaisirs de la défaite, en leur en épargnant la honte. D'ailleurs, j'ai tout lieu de croire qu'en secret la belle Adrienne... (*Haut*), j'accepte; oui... mais si M. de Saxe venait à savoir... il est brutal de sa nature, et moi je suis vif.

DESPRÉS.

On s'en aperçoit aisément... mais M. de Saxe ne saura rien. Pouvez-vous craindre que ce soit Adrienne qui le lui dise?

LE BARON, en riant.

Il est vrai que ce sont de ces confidences qu'une femme ne fait guère à son amant... j'en ai eu souvent la preuve.

DESPRES, à lui-même.

Je le crois.

LE BARON.

Allons, je m'abandonne à toi; je te donne carte blanche.

DESPRES.

Ah! Monseigneur, il me faut encore autre chose. Dans une affaire si délicate, je ne puis employer que des gens d'une moralité reconnue.... et dans ce siècle-ci, les gens moraux sont fort chers.

LE BARON, lui donnant sa bourse.

Ah! c'est juste... tiens, maraud, voilà ma bourse. De l'argent! toujours de l'argent! c'est la péroraison ordinaire de ces gaillards-là.... chut! voici Adrienne et son amie Dangeville.

DESPRES.

Je vous laisse avec elles, et vais tout disposer.

(Il sort par le fond au moment où les deux dames entrent par une porte latérale.)

SCÈNE III.

LE BARON, ADRIENNE, MADEMOISELLE DANGEVILLE.

ADRIENNE, bas à mademoiselle Dangeville en entrant.

Encore notre galant de la Newa! ne me quitte pas.

LE BARON.

Je suis aux pieds de la reine des belles.

ADRIENNE.

C'est vous, Baron?

LE BARON.

Toujours le plus fidèle de vos admirateurs.

ADRIENNE.

Ah! de grâce...

LE BARON, saluant mademoiselle Dangeville.

Adorable soubrette...

MADEMOISELLE DANGEVILLE, faisant la révérence en riant.

Monsieur le chambellan... (à Adrienne indiquant le

Baron). Mais, regardez donc, mon amie, quelle toilette ! quel costume magnifique !

LE BARON, se retournant et se donnant des airs.

C'est le grand uniforme du régiment de grenadiers, dont je suis propriétaire. Ce régiment est un petit présent que mon grand oncle fit à ma mère le jour de son mariage.

MADEMOISELLE DANGEVILLE.

Joli cadeau de noce ! un régiment de grenadiers ! Ah ! sous cet habit de conquête, vous êtes bien dangereux.

LE BARON, jetant sur Adrienne un tendre regard.

Il n'est au monde qu'une seule personne pour qui je voudrais l'être...

ADRIENNE, bas à mademoiselle Dangeville.

Voilà ses fadeurs qui vont commencer.

LE BARON, bas à Adrienne.

Adorable Adrienne, j'ai besoin de vous ouvrir un cœur qui ne bat que pour vous.

ADRIENNE.

Que faites-vous ? Cessez, Baron... nous ne sommes pas seuls.

LE BARON, à part.

Elle est contrariée que son amie soit là... bien...

ADRIENNE, bas à mademoiselle Dangeville.

Tâche donc de m'en débarrasser !

MADEMOISELLE DANGEVILLE

Laissez-moi faire.

LE BARON, à part

Elle dit à mademoiselle Dangeville de se retirer... très-bien !

MADEMOISELLE DANGEVILLE, haut.

Je vous le répète, ma chère amie, il faut que nous ayons ensemble, à l'instant même, un entretien sérieux... pardon, Monsieur le Baron.

ADRIENNE, bas au Baron.

Vous l'entendez ?

LE BARON, à part.

Maudit contre-temps ! (*bas à Adrienne*). Croyez que je partage bien votre contrariété... Adieu, je me retire, puisqu'il le faut. Mais bientôt, j'espère que, loin des importuns....

ADRIENNE.

Que voulez-vous dire ?

ACTE I, SCÈNE III.

LE BARON.

Rien, rien... je m'entends... Ne vous dérangez pas... adieu, adieu! (*Il sort.*)

SCÈNE IV.

ADRIENNE, MADEMOISELLE DANGEVILLE.

MADEMOISELLE DANGEVILLE.

Enfin, le voilà parti!

ADRIENNE, courant à la fenêtre et l'ouvrant.

Je croyais avoir entendu une voiture... non, ce n'est pas encore lui. (*Descendant la scène.*) Je suis d'une inquiétude! depuis avant hier, je ne l'ai pas vu.

MADEMOISELLE DANGEVILLE.

Qui? le comte Maurice? il viendra sans doute ce matin. Vous êtes bien bonne de vous tourmenter ainsi. Voyez, moi! voilà deux grands jours aussi que je n'ai vu M. Alphonse, son aide-de-camp, le plus étourdi de tous les enseignes de l'armée. Je suis furieuse contre lui... mais inquiète? pas le moins du monde, je vous l'assure.

ADRIENNE.

Je cherche vainement à surmonter ma tristesse; de pénibles réflexions...

MADEMOISELLE DANGEVILLE.

Mais cela n'est pas raisonnable!

ADRIENNE.

Depuis quelques jours, Maurice est rêveur, préoccupé; il semble me préparer à quelque changement funeste. Les mots d'affection, de dévouement, d'amitié, ont remplacé des expressions plus tendres. Avant-hier, te l'avouerai-je? piquée de sa froideur, j'ai cherché à exciter sa jalousie. Ce Baron se trouvait là; j'ai paru l'écouter avec plaisir, et même, pendant un instant, mes regards...

MADEMOISELLE DANGEVILLE.

C'est donc pour cela qu'il est si audacieux!

ADRIENNE.

Cet essai de coquetterie ne m'a point réussi. Maurice n'a pas daigné même s'en apercevoir.

MADEMOISELLE DANGEVILLE.

Je le crois bien ! un tel rival !

ADRIENNE.

Ah ! l'amour véritable s'alarme de tout... Dangeville, si je n'étais plus aimée !

MADEMOISELLE DANGEVILLE.

Est-ce possible ? ces traits charmans sont-ils changés ? l'admiration publique est-elle éteinte ? à la scène, dès que vous paraissez, les transports des spectateurs sont-ils moins bruyans ? Les applaudissemens du public !... voilà ce qui rend constant l'amour qu'on a pour nous autres actrices... aussi voyons-nous beaucoup de nos camarades trahies et délaissées. Mais, vous... croyez-moi, on ne quitte pas un bien que tout le monde envie.

ADRIENNE.

Que te dirai-je ? je ne puis surmonter mes tristes pressentimens. Ah ! chère Dangeville, quel avenir m'est destiné ! Je sais trop que tout doit repousser Adrienne du rang où Maurice est né... et s'il m'abandonnait !... je n'aurais plus qu'à mourir ; car, je le sens, mon amour, c'est ma vie !

MADEMOISELLE DANGEVILLE.

Allons, point de ces idées-là... L'on monte l'escalier... (*Allant regarder au fond*), ce sont nos camarades de la Comédie-Française, Legrand, Sarrasin et Poisson.

SCÈNE V.

Les mêmes, LEGRAND, POISSON, SARRASIN.

LEGRAND.

Salut à la noble Adrienne !
A l'aimable Lison, bonjour !
Salut aux beaux lieux où l'amour
A fixé son heureux séjour
Entre Thalie et Melpomène.

MADEMOISELLE DANGEVILLE.

Comment donc, Legrand ? un bonjour en vers ! un impromptu ! cela est galant.

POISSON.

Moi qui n'ai pas de muse à mes ordres, et Sarrasin qui n'est pas plus fort que moi, nous vous dirons tout bonnement en prose, belle Adrienne, que nous vous baisons très-humblement les mains. (*A mademoiselle Dangeville.*) Bonjour, Dorine.

MADEMOISELLE DANGEVILLE.

Bonjour, Crispin.

ADRIENNE.

Qui me procure, mes chers camarades, le plaisir de vous voir?

MADEMOISELLE DANGEVILLE.

Aurait-on changé le répertoire de la semaine? L'illustre Dufresne rougirait-il de jouer devant cinquante écus de recette? Un rhume imprévu forcerait-il mademoiselle Quinault d'aller à Saint-Germain, pour assister à la fête des Loges?

LEGRAND.

Rien de tout cela, méchante. (*A Adrienne.*) Nous venons vous annoncer que c'est décidément ce soir que nous jouons devant Sa Majesté, à Versailles. On nous demande le spectacle d'hier.

SARRASIN.

En effet, mademoiselle Lecouvreur a été admirable dans le rôle de Bérénice. Quelle chaleur! quelle énergie! quelle âme!

MADEMOISELLE DANGEVILLE à part.

C'était son cœur qui parlait.

POISSON.

Et dans la pastorale de *Pan* et de *Doris*, que de grâce, de légèreté et d'ingénuité piquante!

SARRASIN.

La salle était électrisée!

ADRIENNE.

Mes amis, mes chers camarades....

LEGRAND.

Que nous allons jouir du double triomphe que vous remporterez de nouveau devant toute la cour! Vous nous avez fait le sacrifice du congé qui vous appartenait; nous vous en remercions au nom de toute la société.

MADEMOISELLE DANGEVILLE.

Le trait est d'autant plus beau qu'il est peu commun.

LEGRAND.

Certains de conserver leur idole, messieurs du café Procope ne songeront pas à nous demander de pièces nouvelles.

MADEMOISELLE DANGEVILLE.

Ce qui servira à merveille l'activité des infatigables Comédiens du roi.

Tous se mettent à rire.

SCÈNE VI.

Les mêmes, LE COMTE D'ARGENTAL.

UN VALET annonçant et se retirant aussitôt.

Monsieur le comte d'Argental.

D'ARGENTAL.

Bonjour, Messieurs; mademoiselle Dangeville, je vous salue. (*Baisant la main d'Adrienne.*) Salut, ma charmante amie.

ADRIENNE.

Chez moi, ce matin, l'ami de Voltaire !.. Que je vous sais gré de votre visite!

D'ARGENTAL.

L'on m'avait donné des inquiétude sur votre santé; mais je vois avec plaisir que vous êtes plus fraîche et plus jolie que jamais.

MADEMOISELLE DANGEVILLE.

C'est pourtant ce qu'elle ne ne veut pas croire. Persuadez-le lui donc, monsieur d'Argental.

D'ARGENTAL.

Permis à elle d'en douter; mais elle sera seule de son avis.

ADRIENNE.

Des mots galans, des propos de cour... je le vois, les affaires du duc de Parme vous ont appelé à Versailles?

D'ARGENTAL.

Non, mon aimable amie, non: mais j'espère que tantôt vous m'accorderez la faveur d'y venir. Je vous attends chez moi, ainsi que mademoiselle Dangeville et ces messieurs.

ADRIENNE.

Ce soir? c'est impossible.

LEGRAND.

Nous jouons à la cour.

ACTE I, SCÈNE VI.

D'ARGENTAL

Précisément; cela se rencontre à merveille. Notre réunion aura lieu deux grandes heures avant le spectacle.

POISSON bas à Legrand en souriant.

Quelque dîner.

D'ARGENTAL.

Il s'agit d'une affaire intéressante....

MADEMOISELLE DANGEVILLE.

Pour le duché de Parme?

D'ARGENTAL.

Non, Mademoiselle, pour la république... des lettres.

ADRIENNE.

Qu'est-ce donc?

D'ARGENTAL.

Une lecture.

(Mouvement d'effroi des comédiens.)

POISSON, à part.

Ouf! (*d'une voix émue, haut.*) d'une comédie?

D'ARGENTAL.

D'une tragédie.

POISSON, à part.

O ciel! (*haut.*) Excusez-nous, monsieur d'Argental... Je crains bien que nous ne puissions...

LEGRAND.

En effet, nous commençons à sept heures précises. (*à Adrienne.*) N'est-il pas vrai, mademoiselle? il nous sera donc impossible, M. le comte, d'assister à votre lecture. Quant à Poisson et à mademoiselle Dangeville, c'est différent; ils ne jouent que dans la petite pièce...

POISSON, bas à Legrand.

Tu nous sacrifies!

ADRIENNE.

Et, de qui est l'ouvrage?

D'ARGENTAL, affectant un ton négligeant

De Voltaire.

TOUS, se rapprochant de d'Argental.

De Voltaire!

D'ARGENTAL.

Je vois avec peine que vous n'aurez pas le temps...

LEGRAND, POISSON, ensemble.

Si fait, si fait !

SARRASIN.

On le trouvera.

ADRIENNE.

Le titre ?

D'ARGENTAL.

Brutus.

MADEMOISELLE DANGEVILLE.

Superbe !

ADRIENNE.

Le sujet est hardi ! Je suis impatiente d'entendre ce nouveau chef-d'œuvre.

MADEMOISELLE DANGEVILLE, à d'Argental.

Cela est admirable, n'est-ce pas ?

D'ARGENTAL.

C'est, selon moi, l'un de ses plus beaux ouvrages. Avant-hier, il a été lu chez madame Geoffrin, devant une société aussi nombreuse que brillante. On y voyait réunis l'auteur de Rhadamiste et d'Électre; Fontenelle; ce fou de Maupertuis; le caustique Duclos; Marmontel qui, par bonheur pour vous, a renoncé à faire des tragédies, et qui ne fait plus que des contes ou des romans, fort heureusement pour le public; Marivaux; monsieur Piron; quelques artistes, Boucher, Carle-Vanloo, Pigal; et, au milieu de toutes ces renommées, S. A. S. le prince de Conti qui avait bien voulu honorer cette réunion de sa présence. Certes, tous ces messieurs ne sont pas les amis de Voltaire; mais, grâce à la puissance de son génie, en écoutant *Brutus*, ses rivaux eux-mêmes n'ont plus songé qu'à l'admirer.

ADRIENNE.

Je ne doute pas que sur notre scène l'ouvrage ne produise une sensation prodigieuse. Il est donc entendu qu'à cinq heures...

MADEMOISELLE DANGEVILLE,
Qui, vers la fin du récit de d'Argental, est allée à la fenêtre, revenant près d'Adrienne. A voix basse.

Une voiture s'est arrêtée à votre porte.

ADRIENNE, à elle-même.

Enfin, c'est lui !

SCÈNE VII.

Les mêmes, LE COMTE DE SAXE, ALPHONSE.

UN VALET, annonçant.

M. le comte de Saxe.

(Le comte de Saxe et Alphonse entrent.)

MADEMOISELLE DANGEVILLE, à elle-même.

Monsieur Alphonse l'accompagne.

D'ARGENTAL.

Vous vous faites attendre, mon cher comte. Je croyais vous trouver ici en arrivant.

ADRIENNE, avec une froideur affectée.

Des affaires, indispensables sans doute, ont forcé depuis quelques jours M. le comte à ne plus penser à ses amis.

MAURICE.

Vous voulez dire, mademoiselle, qu'elles ne m'ont laissé que le loisir d'y penser sans me permettre de les voir.

ADRIENNE, bas à mademoiselle Dangeville.

Que de contrainte et de froideur!

ALPHONSE, bas à mademoiselle Dangeville.

Comment se porte ma jolie Lisette?

MADEMOISELLE DANGEVILLE, sèchement.

Parfaitement, monsieur.

ALPHONSE, à part en souriant.

On est piqué.

D'ARGENTAL, à Maurice avec intention.

J'étais venu, mon ami, pour inviter ces dames et ces messieurs à la lecture de Brutus. Vous serez des nôtres?

MAURICE.

Je l'espère.

D'ARGENTAL, bas à Maurice.

Tout est prêt pour votre départ.

ADRIENNE.

Décidément, M. le comte n'appartient plus qu'aux affaires.

MAURICE.

Ah! si je n'écoutais que mes désirs, m'éloignerai-je jamais de ces lieux, asile charmant des talents et de la beauté!

2

ADRIENNE, après avoir un moment fixé les yeux sur Maurice.

Mon cher Legrand, il est donc bien convenu que ce soir...

LEGRAND.

Pardon, mon amie; mais j'ai encore une grâce à vous demander.

ADRIENNE.

Une grâce?

LEGRAND.

Oui; mon intermède, que nous devons jouer ce soir devant le roi, n'a été répété qu'une fois. Cela ne peut suffire; il nous faudrait encore une bonne répétition générale. Veuillez nous suivre au théâtre. De la rue des Marais à la rue des Fossés-Saint-Germain-des-Prés, il n'y a qu'un pas; l'intermède est fort court; ce sera l'affaire d'un instant.

ADRIENNE.

Mais...

LEGRAND.

Ne me refusez pas.

ADRIENNE, bas à Maurice,

M. le comte, daignerez-vous rester ici encore quelques instants?

MAURICE, bas à Adrienne.

Si vous l'ordonnez, mon amie...

ADRIENNE, à Legrand.

Je suis à vos ordres.

LEGRAND.

Messieurs, nous avons l'honneur de vous saluer.

D'ARGENTAL.

Sans adieu, messieurs; à tantôt. Je compte sur vous.

ADRIENNE, à part.

Hâtons-nous d'être libre. Qu'il me tarde de savoir la vérité!

ALPHONSE, bas à mademoiselle Dangeville.

Restez, de grâce; j'ai à vous parler.

MADEMOISELLE DANGEVILLE.

Et moi, monsieur, je n'ai rien à vous dire.

(Adrienne, mademoiselle Dangeville, Legrand, Poisson et Sarrasin sortent par le fond.)

SCÈNE VIII.

MAURICE, D'ARGENTAL, ALPHONSE.

ALPHONSE, à lui-même.

Comme elle me traite, mademoiselle Dangeville! Oh! elle va revenir... Je la connais.

D'ARGENTAL.

Mon cher comte, vos équipages vous attendent à Versailles; vous n'avez pas un moment à perdre... il faut partir.

MAURICE.

Partir! m'éloigner d'Adrienne! C'en est donc fait! Je vais cesser de la voir, de vivre près d'elle. Hélas! était-ce ainsi que je devais récompenser un attachement si constant et si tendre!

D'ARGENTAL.

Je comprends tout ce qu'a de pénible une telle séparation. Qui plus que moi rend justice aux qualités de l'aimable Adrienne? mais songez qu'il y va du sort de toute votre vie.

MAURICE.

Elle va revenir... il faudra lui parler.. et quand ses regards si doux, si pénétrans se fixeront sur les miens, j'éprouverai le besoin de lui tout avouer...

D'ARGENTAL.

Eh bien! il faut éviter ce fâcheux entretien. Écrivez-lui ce que vous n'auriez pas le courage de lui dire. (*Montrant une porte à gauche du spectateur.*) Entrez dans ce cabinet et adressez-lui un dernier adieu. Alphonse, restez ici; si mademoiselle Lecouvreur rentrait, vous viendriez nous prévenir.

ALPHONSE.

Oui, M. le comte.

MAURICE, en entrant dans le cabinet avec d'Argental.

Chère Adrienne!

SCÈNE IX.

ALPHONSE, seul.

Oui, il a raison de la plaindre son Adrienne. Elle fait exception à la règle générale; et ma Lisette aussi... du moins j'aime à m'en flatter. Quant aux autres... L'agrément qu'il y a au théâtre, c'est que les grandes passions y sont encore plus rares que les grands talens; et cela n'est pas peu dire. Ah mon Dieu! un amant part pour l'Angleterre, zest! il vous en arrive un autre de la Russie. Après tout, quand on y songe sérieusement, à quoi cela sert de rester fidèles aux absens? cela fait du mal à ceux qui restent, sans faire de bien à ceux qui sont partis.

SCÈNE X.

ALPHONSE, MADEMOISELLE DANGEVILLE.

MADEMOISELLE DANGEVILLE, entrant tout doucement par le fond.

Il est seul... (*l'examinant*) Comme il est bien!

ALPHONSE, apercevant mademoiselle Dangeville, à part.

Voici mon inhumaine... Je savais bien, moi, qu'elle reviendrait!

MADEMOISELLE DANGEVILLE, descendant la scène.

Encore ici, monsieur?

ALPHONSE.

Je vous attendais.

MADEMOISELLE DANGEVILLE, à part.

Voyez-vous le petit fat! (*haut*) Monsieur croit peut-être que c'est pour lui que je suis revenue?

ALPHONSE.

Oh! non... je ne le crois pas : mais cela pourrait bien être. Ah ça! mon aimable amie, vous me boudez? Cependant il y a deux jours à peine que je ne vous ai vue... ils vous ont donc paru bien longs?

MADEMOISELLE DANGEVILLE.

Mais pas plus qu'à vous, monsieur. (*à part*) Ah! c'est trop fort.

ALPHONSE.

Voyez si vous devez m'en vouloir. Voici l'emploi de mes deux journées.

MADEMOISELLE DANGEVILLE.

Mais, monsieur, qui vous prie de vous disculper? Je vous assure que cela m'est tout à fait indifférent. (*A part.*) Je suis curieuse de l'entendre; dans le fait, s'il n'est pas coupable... (*Haut.*) parlez donc, monsieur.

ALPHONSE.

Pardon, je croyais... m'y voici. Avant-hier, grand défi au jeu de paume de la rue des Franc-Bourgeois. J'ai toujours été vainqueur. Les beaux coups! la charmante partie!.. Elle a fini par un duel.

MADEMOISELLE DANGEVILLE.

Un duel?

ALPHONSE.

Le soir, je me rendais en toute hâte aux Français... vous jouiez, lorsque je rencontre une douzaine de mauvais sujets de mes amis, qui allaient, rue Mauconseil, à la comédie Italienne.

MADEMOISELLE DANGEVILLE.

Eh monsieur! il ne s'agit ici ni de vos amis, ni de la comédie italienne.

ALPHONSE.

Non: mais il s'agissait du début, dans votre emploi, d'une jeune personne charmante...

MADEMOISELLE DANGEVILLE.

A qui vous avez sans doute assuré....

ALPHONSE.

Une chute épouvantable.

MADEMOISELLE DANGEVILLE.

C'est bien... c'est très-bien... Mais, monsieur, me sera t'il permis enfin de vous demander.....

ALPHONSE.

Si le rendez-vous a eu lieu? oui, sans doute, et c'est par là qu'a commencé la journée d'hier.

MADEMOISELLE DANGEVILLE.

Beau début!

ALPHONSE.

Le jeune étourdi qui m'avait cherché querelle a été forcé de me donner satisfaction; l'explication a été des plus vives, des plus longues.... Nous ne sommes sortis de table qu'à quatre heures.

MADEMOISELLE DANGEVILLE.

Ah ça! vous faites-vous un jeu ?...

ALPHONSE.

Le soir, je suis allé au petit souper de mademoiselle Quinault. On y tenait bureau d'esprit; des actrices y parlaient métaphysique, des abbés pompons et dentelles, et de graves philosophes y discutaient sur les ronds de jambes de la Camargo.

MADEMOISELLE DANGEVILLE.

Avez-vous fini?...

ALPHONSE, fort étourdiment.

Oui, ma reine. J'espère que je ne pouvais mieux employer les derniers jours que j'avais à passer à Paris.

MADEMOISELLE DANGEVILLE.

Qu'entends-je? vous allez donc partir, monsieur?

ALPHONSE.

(*A part.*) Ah! maladroit!.. (*Haut.*) Moi?.. non... c'est-à-dire... si... je puis être forcé de suivre mon général...

MADEMOISELLE DANGEVILLE.

Adrienne ne s'était donc pas trompée! quoi? le comte Maurice....

ALPHONSE.

(*A part.*) Allons! je me suis enferré encore davantage!.. (*Haut.*) J'ai voulu dire que je suivrai mon général...... s'il part... Mais il ne partira pas.

MADEMOISELLE DANGEVILLE.

Vous mentez.

ALPHONSE.

Ah! par exemple.... j'en suis incapable.... je vous jure... (*A part.*) Il est temps de m'esquiver.

MADEMOISELLE DANGEVILLE.

Répondez-moi!

ALPHONSE.

Pardon, mais il faut que je vous quitte.

MADEMOISELLE DANGEVILLE.

Non, monsieur, vous parlerez.

ALPHONSE, il sort en courant.

Je ne puis en ce moment... plus tard! plus tard!

MADEMOISELLE DANGEVILLE.

Oh! vous ne m'échapperez pas! je cours aussi bien que vous.

Alphonse a fui par une porte de côté à droite; mademoiselle Dangeville le suit. Maurice et d'Argental sortent du cabinet.

SCÈNE XI.

D'ARGENTAL, MAURICE, une lettre à la main, puis ADRIENNE.

D'ARGENTAL.

C'est le meilleur parti que vous ayez pu prendre... Venez, mon ami, venez.....

En cet instant Adrienne paraît.

MAURICE, *cachant vivement la lettre dans son sein.*

Ciel! la voici!

D'ARGENTAL, *bas à Maurice.*

Quel contre-temps! et cet étourdi d'Alphonse qui ne nous prévient pas!... Allons, mon ami, du courage.... songez que vous ne pouvez plus reculer... (*Allant à Adrienne.*) Je vous laisse, ma charmante amie. (*A Maurice en lui faisant un signe.*) Adieu, cher comte. (*A Adrienne en lui baisant la main.*) A ce soir?..

Il sort.

SCÈNE XII.

MAURICE, ADRIENNE.

MAURICE, à part.

Comment soutenir ses regards?

ADRIENNE.

Je puis donc enfin vous parler sans témoins. Depuis quelques jours, j'en ai cherché l'occasion; mais vous, vous avez toujours paru la fuir.

MAURICE.

D'où vous vient cette pensée? Je ne puis comprendre...

ADRIENNE.

Oh! de grâce, laissons de côté toute feinte; la dissimulation convient peu à la noblesse de votre caractère; il est temps de nous parler avec franchise. Écoutez-moi.

MAURICE, à part.

Que vais-je entendre? ah! je redoutais ce moment.

ADRIENNE.

Maurice, quand je vous vis pour la première fois, séduite

par ces qualités brillantes que chacun admirait, entraînée par un charme qui m'avait été inconnu jusqu'alors, je sentis naître dans mon âme un amour que je ne cherchai pas à combattre.

MAURICE, à part.

O délicieux souvenir!

ADRIENNE.

Nul projet de grandeur, nul désir ambitieux ne vint souiller un sentiment si pur.

MAURICE.

Hélas!

ADRIENNE.

Sans regrets du présent, sans crainte de l'avenir, je vous donnai mon cœur. Pour prix d'un tel amour, pour prix d'un dévoûment sans bornes, je n'exigeai de vous qu'une promesse. Je vous dis : Maurice, si vous cessez un jour de m'aimer, jurez-moi de m'en faire le libre aveu.... Ce serment, vous l'avez prononcé..... l'avez-vous tenu, Maurice?.... n'avez-vous rien à me dire?

MAURICE.

Hé! que vous dirai-je, que je ne vous aie dit mille fois, que je ne sois prêt à vous répéter encore?.... Qu'exigez-vous de moi?...

ADRIENNE.

Un aveu... que vous devez à l'honneur.

MAURICE.

Adrienne, croyez....

ADRIENNE.

Vous le nieriez en vain; depuis quelques jours votre embarras, votre tristesse ne m'ont que trop appris la vérité... Maurice, vous avez cessé de m'aimer.

MAURICE.

Moi! cesser de t'aimer! moi, qui depuis si long-temps t'ai sacrifié les intérêts de ma fortune et de ma gloire? moi, qui ne connais au monde d'autre félicité que celle de t'adorer et d'être aimé de toi!

ADRIENNE.

Eh bien! oui.... je les reconnais ces accens qui savent si bien le chemin de mon cœur; je dois les en croire..... oui, j'étais injuste. Mais s'il est vrai que vous m'aimiez encore, comment pouvez-vous me cacher votre secret?

MAURICE.

Mon secret ?

ADRIENNE.

Vous en avez un !

MAURICE.

Non ! non ! détrompez-vous, mon amie !.. mais si j'en avais un... si j'étais forcé de vous le cacher...

ADRIENNE.

Que dites-vous ? succès, douleurs, espoir, tout n'est-il pas commun entre nous deux ? Non, monsieur, non; l'on n'a pas de secret pour la femme qu'on aime. Dès qu'on peut se résoudre à lui cacher une seule pensée, le charme est rompu, le bonheur est détruit sans retour.

MAURICE, à part.

O contrainte cruelle !

ADRIENNE.

Vous ne répondez pas ?

MAURICE.

(*A part.*) Je ne puis me taire plus long-temps... (*Haut.*) Adrienne...

SCÈNE XIII.

Les mêmes, ALPHONSE.

ALPHONSE, entran très-vivement par la porte du fond.

(*A voix basse à Maurice.*) Mon général, M. d'Argental vous attend. Il va partir pour Versailles.

MAURICE, à part.

Grand Dieu !... mais il le faut... il n'y a plus à balancer... (*A Adrienne.*) Adrienne !.. Adrienne, adieu !

(Il sort, suivi d'Alphonse, par le fond.)

ADRIENNE seule, faisant un pas vers le fond.

Maurice !.. (*S'arrêtant.*) Il s'éloigne.... quelle altération dans sa voix, dans ses traits.... Vient-il donc de me dire un éternel adieu !

SCÈNE XIV.

ADRIENNE, MADEMOISELLE DANGEVILLE.

MADEMOISELLE DANGEVILLE, accourant par la droite.

Mon amie, mon amie, vos craintes n'étaient que trop fondées! dans ce moment, Maurice s'éloigne de vous pour jamais.

ADRIENNE.

Que me dis-tu?.. il m'a trahie... ah malheureuse!.. (*Pâle, égarée, elle reste un moment immobile, puis elle s'écrie:*) Il ne partira pas!..

(*Elle sort précipitamment par le fond. Mademoiselle Dangeville la suit. Le rideau baisse.*)

FIN DU PREMIER ACTE.

ACTE II.

Le Théâtre représente un salon de l'hôtel de M. d'Argental, à Versailles. Cette pièce ouvre dans le fond, sur des jardins.

SCÈNE PREMIÈRE.

D'ARGENTAL, LE BARON, LEGRAND, POISSON, SARRASIN.

Au lever du rideau l'on entend le bruit des applaudissemens et les cris : bravo ! qui partent d'une pièce voisine, dont la porte est à droite du spectateur. Les personnages désignés entrent en scène.

SARRASIN.

Superbe !

POISSON.

Magnifique !

LEGRAND.

Admirable !

LE BARON.

Pas mal ! pas mal !

POISSON.

Les beaux vers !

LEGRAND.

Les belles scènes !

LE BARON.

Oui... mais il y a dans cette tragédie une chose qui me paraît un peu trop forte; c'est le père qui fait mourir son fils; et si j'étais de M. de Voltaire, je ferais du vieux Grec...

D'ARGENTAL, *en riant.*

M. le chambellan veut dire, Romain.

LE BARON.

Est-il Romain ?... enfin, n'importe, du père Brutus; j'en ferais tout au plus, tout au plus, un cousin-germain de son fils... (*Tous se mettent à rire.*) Je vous assure que ça serait encore bien honnête.

LEGRAND.

M. l'envoyé plaisante?

LE BARON.

Pas du tout! Et la première fois que j'aurai M. de Voltaire à souper, je lui donnerai ce conseil. Je vous réponds qu'il le suivra; car c'est un garçon d'esprit, Voltaire; on ne peut pas lui refuser ça.

POISSON.

M. le baron est connaisseur!

LE BARON.

Je crois bien! J'ai tous les talents de Paris à ma table, les mercredis et les samedis; et ce serait bien le diable, si en soupant deux fois par semaine avec des académiciens, on ne finissait pas par se connaître en bons morceaux de littérature!

POISSON.

Ah! c'est juste!

D'ARGENTAL, aux comédiens.

Enfin, avec M. de Voltaire, des rôles dignes de la scène française vont vous dédommager de tous ceux où depuis quelque temps s'avilit le talent d'hommes tels que vous. Laissez aux tréteaux de la foire Saint-Laurent ces pièces mêlées de chants et de danses... Pardon, mon cher Legrand. Mais mademoiselle Lecouvreur n'a pas assisté à notre lecture.... Qui peut l'avoir retenue?

LE BARON, à part.

Je le sais, moi; l'ami Després et ma petite-maison.

SCÈNE II.

Les mêmes, UN DOMESTIQUE de M. d'Argental.

LE DOMESTIQUE, à d'Argental.

Monsieur le comte, mademoiselle Lecouvreur entre en ce moment dans l'hôtel; M. de Saxe l'accompagne.

Le comte et le baron font tous deux, à part, un geste très marqué de surprise.

LE BARON, à part.

Adrienne!

D'ARGENTAL, à part.

M. de Saxe!... Que peut-il être arrivé?... (*Haut.*) Je vais au-devant d'eux.

LEGRAND.

Nous vous suivons, M. le comte.

<small>D'Argental sort avec Legrand, Poisson et Sarrasin. Le baron va les suivre; Després entre brusquement par une porte latérale et le retient.</small>

SCÈNE III.

LE BARON, DESPRÉS.

DESPRES.

Monseigneur...

LE BARON.

C'est toi, drôle? qu'as-tu donc? qu'y a-t-il de nouveau?

DESPRES.

Presque rien, monseigneur. Mademoiselle Lecouvreur avait été enlevée avec toute la décence possible, et nous allions arriver à votre petite maison de Versailles, quand, par malheur, nous avons rencontré ce démon d'Alphonse. Brusquement attaqués par lui, votre heiduque Mikaël et ses deux compagnons ont jugé à propos de prendre la fuite; et moi, je vous apporte le bulletin officiel de l'affaire.

LE BARON.

Comment? ils ont fui devant un enfant? Il paraît que ton monde était brave.

DESPRES.

Ils ont fui devant un enfant, devant un enfant!... deux pistolets et une épée... Quatre contre quatre, monseigneur. Heureusement, je l'espère, personne n'a été reconnu.

LE BARON.

On vient... va t'en!

<small>Després s'esquive vivement par la droite, au moment où les personnages de la scène suivante paraissent au fond.</small>

SCÈNE IV.

LE BARON, ADRIENNE, MAURICE, D'ARGENTAL, ALPHONSE, MADEMOISELLE DANGEVILLE, LEGRAND, POISSON, SARRASIN, DEUX DOMESTIQUES.

Adrienne entre appuyée sur le bras d'Alphonse, Mademoiselle Dangeville est auprès d'elle. Les domestiques ont avancé un fauteuil; elle s'assied. Tout le monde l'entoure.

ADRIENNE, *tendant la main à Alphonse.*

Mon libérateur !

D'ARGENTAL.

Notre jeune aide-de-camp a déployé un courage !...

LEGRAND

Ce trait-là lui assure toute notre reconnaissance.

ALPHONSE.

Messieurs...

MADEMOISELLE DANGEVILLE, *à voix basse à Alphonse.*

Et moi, pour sa belle action, je me réconcilie avec lui.

MAURICE, *à Alphonse*

Et tu n'as pu savoir...

ALPHONSE.

Leur fuite précipitée ne m'en a pas laissé le temps.

MAURICE.

Faut-il donc que je sois arrivé trop tard !

ALPHONSE.

Cependant, il y a parmi eux un coquin qui semblait être leur chef...

LE BARON, *à part, d'un air inquiet.*

Desprès !

MADEMOISELLE DANGEVILLE, *à Adrienne, avec intention, en regardant le baron.*

Et vous, mon amie, n'avez-vous pas quelque doute...

Adrienne jette un rapide regard sur Maurice et sur le baron, et interrompt vivement Mademoiselle Dangeville.

ADRIENNE.

Non, aucun... (*A part.*) Evitons tout éclat.

LE BARON, *à part.*

Voilà mon pardon... j'en étais sûr.

ADRIENNE.

Après tout qu'y a-t-il de si étonnant dans l'accident qui vient de m'arriver? Ne suis-je pas au nombre de ces personnes que l'on offense impunément? une comédienne!..

MAURICE.

Ah! que dites-vous?

ADRIENNE.

On ne consulte, pour l'outrager, que le préjugé qui la flétrit. Oserait-elle s'en plaindre, quand ceux, dont elle croyait depuis long-temps avoir conquis l'estime, ne la payent que par le plus insultant mépris?

MAURICE.

Quelle pensée! ah! ma charmante amie, elle outrage également et vous, et ceux dont les vœux les plus chers...

D'ARGENTAL, faisant un signe des yeux à Maurice.

De grâce, éloignons tout pénible souvenir.

LE BARON, vivement.

En effet... si nous passions aux jardins? (*s'approchant en riant des comédiens*). Allons, messieurs... (*offrant la main à Adrienne.*) Madame...

MAURICE, de l'autre côté d'Adrienne, vivement et à voix basse.

Restez, je vous en supplie...

ADRIENNE, après un moment d'hésitation.

(*A mademoiselle Dangeville*). Je vous suis.

MADEMOISELLE DANGEVILLE, au Baron qui examine Adrienne et Maurice.

Eh bien! M. le baron...

(Le baron se hâte d'offrir la main à mademoiselle Dangeville, à qui Alphonse offre aussi la sienne en lui disant bas et en riant.)

ALPHONSE, à mademoiselle Dangeville.

La paix est faite?

(Le baron, mademoiselle Dangeville, Alphonse et les Comédiens s'éloignent Pendant cette sortie, Maurice s'approche vivement du comte d'Argental, et lui dit à voix basse:)

MAURICE, à d'Argental.

A une lieue de Versailles, j'ai reçu ordre du premier commis de la guerre de rebrousser chemin.

D'ARGENTAL.

Qui peut lui avoir appris votre départ?

MAURICE.

Je l'ignore. J'ai prié votre secrétaire d'aller s'informer des motifs de cet ordre inattendu.

D'ARGENTAL.

Je vais voir s'il est de retour.

D'Argental sort par la gauche.

SCÈNE V.

MAURICE, ADRIENNE.

ADRIENNE, à part, tandis que Maurice a remonté la scène avec d'Argental.

Je le revois donc encore! et ce n'est qu'en trahissant le secret de sa fuite, que j'ai pu le retenir! ai-je bien pu avoir recours à un tel moyen? mais hélas!... c'était pour un autre qu'il m'abandonnait!... (*Haut à Maurice*). Monsieur, qu'avez-vous à me dire?

MAURICE.

Adrienne, je vous en conjure, quittez cet air de froideur et de contrainte qui me désespère... On vous a tout appris?..

ADRIENNE.

Tout.

MAURICE.

Ah! combien je regrette que ce soit une autre bouche que la mienne! mais si vous pouviez savoir...

ADRIENNE.

Prévenons, de grâce, un pénible entretien.

MAURICE.

Écoutez-moi!

ADRIENNE.

Non! pourquoi voulez-vous me forcer à vous écouter? n'avez-vous pas rompu les nœuds qui devaient nous enchaîner pour la vie? ne sommes-nous pas libres l'un et l'autre, M. le comte? pourquoi nous parler encore?... nos cœurs ne s'entendent plus.

(*Elle veut se retirer. Maurice l'arrête.*)

MAURICE.

Demeurez!... pouvez-vous douter de mon amour?

ADRIENNE.

Ce matin, j'y croyais encore!

MAURICE.

Ah! lorsque ce matin, j'ai cru vous dire un éternel adieu, je devais taire un secret d'où dépendaient ma fortune et ma gloire.

ADRIENNE, à part.

Que dit-il? (*Haut*) expliquez-vous.

MAURICE.

Le trône de Courlande est vacant; les États ont nommé leur souverain : une protectrice puissance lui assure le sceptre...

ADRIENNE.

Eh bien?

MAURICE.

Quand je vous quittais, Adrienne, il s'agissait pour moi d'une couronne.

ADRIENNE.

Qu'entends-je?... (*A part.*) O ciel! qu'ai-je fait?

(Elle reste immobile d'étonnement.)

SCÈNE VI.

Les mêmes, D'ARGENTAL.

MAURICE, à d'Argental qui s'est arrêté dans le fond.

Approchez, mon ami; je viens de lui tout avouer.

D'ARGENTAL.

Je puis donc alors vous dire... mais non... maintenant, réveiller votre espoir, ce serait déchirer le cœur d'Adrienne.

ADRIENNE.

Parlez! parlez!

D'ARGENTAL.

Eh bien! puisque vous l'exigez... (*à Maurice*), apprenez donc que le seul obstacle qui s'opposait à votre départ était votre qualité de maréchal de camp au service de France; vous ne pouviez vous éloigner sans autorisation.

MAURICE.

Que m'importe!

ADRIENNE.

Continuez! continuez!

D'ARGENTAL.

Rien ne sera plus facile que de l'obtenir, pourvu que vous la demandiez au ministre avant que la Russie ait fait connaître ses intentions sur le duché de Courlande; car il est certain que Catherine se déclarera contre votre fortune...

ADRIENNE.

Eh bien?

D'ARGENTAL.

Il est à craindre que, d'un moment à l'autre, son envoyé ne reçoive l'ordre d'agir contre vous auprès de la cour de France.

MAURICE.

Cher d'Argental, je reconnais, comme je le dois, vos soins officieux, mais je ne puis plus en profiter.

D'ARGENTAL.

Comment?

MAURICE.

Ne me pressez plus de m'éloigner de ces lieux; je rends grâce à l'obstacle imprévu qui s'est opposé à mon départ. Bannissons à jamais l'illusion qui m'entraînait loin d'Adrienne!

D'ARGENTAL, à part.

Les amans sont bien fous!

MAURICE, à Adrienne.

Oh! dites que vous me pardonnez!...

(Adrienne se retourne vers le comte, le regarde avec tendresse et fait un pas vers lui.)

ADRIENNE.

Maurice!... (*S'arrêtant, à part.*) O ciel! que fais-je?... il me sacrifie tout... mais moi, moi, quel est mon devoir?...

MAURICE.

Répondez.

D'ARGENTAL, examinant Adrienne. A part.

Quelle pensée l'agite?

ADRIENNE, à part.

C'est à lui seul qu'il faut songer... Soyons digne de lui,.. et dussé-je en mourir...

MAURICE.

Quelles preuves de ma tendresse exigez-vous encore?

ADRIENNE, d'une voix émue et entrecoupée.

M. le comte... vous l'avez entendu... vous pouvez accomplir vos glorieuses destinées...

MAURICE.

N'achevez pas! je ne veux pas vous entendre.

ADRIENNE.

Il le faut!

MAURICE.

Non!

ACTE II, SCÈNE VI.

ADRIENNE.

Oubliez des nœuds que tout nous force de rompre...

MAURICE.

Jamais !

D'ARGENTAL, à part.

Que dit-elle ?

ADRIENNE.

Suivez la route brillante qui s'ouvre devant vous.

MAURICE.

Adrienne !...

ADRIENNE.

Partez ! le bruit de vos exploits doit seul désormais vous rappeler à ma pensée.

MAURICE.

Est-ce bien Adrienne que j'entends ? est-ce elle qui presse mon départ, quand l'amour le plus tendre...

ADRIENNE.

L'amour a causé tous mes maux... il a brisé mon cœur... je ne veux plus écouter sa voix... éloignez-vous ! allez conquérir un trône... Le bonheur ne vous attend plus près de moi.

MAURICE.

Grand Dieu !

D'ARGENTAL.

Quel langage !

ADRIENNE, à part.

Mes forces m'abandonnent...

MAURICE.

Adrienne, non, je ne veux point en croire vos paroles.... vous détournez les yeux !... votre main repousse la mienne !...

ADRIENNE.

Ne m'interrogez pas... ce jour seul vous reste... éloignez-vous M. le comte, éloignez-vous !

Maurice fait un mouvement vers Adrienne qui est tombée dans un fauteuil. Le baron paraît.

SCÈNE VII.

LES MÊMES, LE BARON.

LE BARON, au fond, à la cantonade.

C'est fort bien ; je vais en prévenir monsieur le comte d'Argental.

Le baron!

LE BARON, descendant la scène, à d'Argental.

M. le comte, on m'apprend à l'instant même que nous occuperons la même loge, ce soir, au spectacle de la cour.

D'ARGENTAL, s'inclinant.

Je m'en félicite.

MAURICE.

Madame, je me retire. (*S'approchant d'Adrienne, à voix basse.*) Malgré vous, j'espère encore vous revoir. (*A part.*) Il faut que je découvre le secret de sa conduite. (*Après avoir salué le baron, à d'Argental.*) Adieu, mon cher comte.

D'ARGENTAL.

Je vous suis.

MAURICE, en sortant vivement.

Non, restez.

D'ARGENTAL, à part.

Que va-t-il faire?... ah! ne le quittons pas.

Il sort. Le baron l'accompagne jusqu'au fond, et pendant quelques instants, le suit de l'œil, ainsi que Maurice.

SCÈNE VIII.

ADRIENNE, LE BARON.

ADRIENNE, seule un moment à l'avant-scène.

Non, non, je ne le reverrai plus! je dois me séparer de lui pour jamais. Qu'une autre... une autre!... ah! que n'ai-je comme elle un sceptre à lui offrir!... Mais quoi? un mot de moi pourrait le retenir... Je saurai me taire; il me devra aussi la couronne!

LE BARON, descendant la scène en ricanant.

Ah! ah! ah!

ADRIENNE, à part.

Le baron peut nuire aux projets de Maurice... ménageons-le.

LE BARON.

Ah! ah! ah!... pardon, belle dame, pardon.... mais à l'air mécontent de M. de Saxe, il est facile de voir que vous l'avez puni de son ingratitude. De quoi pourrait-il se plaindre? Je viens de l'apprendre : il avait l'intention de fuir la plus adorable des femmes.

ACTE II, SCÈNE VIII.

ADRIENNE, vivement.

Vous savez?...

LE BARON.

Le volage!... ah! belle Adrienne, si le plus ardent de vos admirateurs... Vous connaissez toute la force, je dirai même, toute la violence de son amour... (*Mouvement d'Adrienne.*) Je le sais; il est audacieux, téméraire... c'est un monstre, enfin; mais que n'acceptez-vous sa fortune et son cœur.

ADRIENNE.

Eh quoi? monsieur...

LE BARON.

Ah! plus de reproches! vous lui avez pardonné, et c'est à vos genoux...

ADRIENNE.

Que faites-vous?

SCÈNE IX.

LES MÊMES, UN DOMESTIQUE.

LE DOMESTIQUE, un paquet de lettres à la main.

Voici des lettres pour M. le baron.

LE BARON, se relevant et essuyant son genou.

C'est bon, c'est bon... vous êtes bien audacieux, l'ami, de venir me relancer jusqu'ici!

LE DOMESTIQUE.

Celui qui a apporté ces lettres m'a chargé de vous dire qu'elles sont très-pressées.

LE BARON, prenant le paquet d'un air négligent.

Donnez.

(*Le domestique sort.*)

SCÈNE X.

ADRIENNE, LE BARON.

LE BARON, jetant un coup-d'œil sur l'enveloppe du paquet.

(*A part.*) Oh! oh! en effet... (*à Adrienne.*) Vous permettez, belle dame?

(*Il ouvre le paquet.*)

ADRIENNE, à part.

Serait-ce de sa cour?

LE BARON, à part.

Une lettre de l'impératrice !

ADRIENNE, à part.

Examinons-le bien.

LE BARON, à part.

Lisons... (*Il lit tout bas.*) Hum... hum!.. « Il paraît que » vous êtes fort au courant de ce qui se passe sous vos yeux...» (*S'arrêtant à lui-même, en souriant*). Mais, je le crois. Au moins, l'on rend justice à mon mérite. (*Après avoir lu de nouveau des yeux*). En voici bien d'une autre!... c'est pour monter sur le trône de Courlande que M. de Saxe veut partir !

ADRIENNE, à part.

Il se trouble.

LE BARON, à part.

Achevons. (*Il lit à mi-voix.*) « Voyez à l'instant le pre» mier ministre; entendez-vous avec lui pour empêcher, de » quelques jours au moins, le départ de M. de Saxe. A ce » prix seul, vous pourrez éviter notre colère. » Signé CATHERINE. (*A lui-même*). Ah! bon Dieu, je me vois déjà sur la route de la Sibérie !

ADRIENNE, à part.

Si c'était le message que craint d'Argental ! la gloire, la fortune de Maurice en dépendent. Il faut à tout prix que je sache...

(*Elle s'approche du baron.*)

LE BARON, à lui-même.

Ah! sans doute, je le verrai, le premier ministre!...

ADRIENNE.

Que venez-vous donc d'apprendre, M. le baron ? vous paraissez bien ému ?

LE BARON.

Moi ? non. Je suis tranquille, très-tranquille.

ADRIENNE, avec intention et jusqu'à la fin de cette scène jouant la coquetterie.

Vous avez beau dire; cette lettre vous a troublé. On vous adresse des reproches...

LE BARON.

Oui, oui, c'est vrai...

ADRIENNE.

Sans doute, une personne qui a le droit de vous en faire.

LE BARON.

Je ne puis le nier. (*à part.*) Elle peut m'en faire pour 40,000 roubles par an.

ADRIENNE, examinant le baron, et affectant un air piqué.

Elle a donc bien de l'empire sur vous celle qui, d'un seul mot, peut ainsi jeter le trouble dans votre âme?

LE BARON, à part.

De la jalousie!

ADRIENNE.

Et, lorsque vous me prodiguiez les sermens d'un amour, qui devrait m'offenser peut-être, et que je suis assez bonne, ou plutôt, assez faible pour écouter...

LE BARON, très-vivement.

Est-il vrai?

ADRIENNE.

Vous en trahissiez une autre qui sans doute vous aime...

LE BARON.

Rassurez-vous, de grâce; vous vous alarmez à tort. Cette lettre est bien d'une femme, il est vrai...

ADRIENNE.

Ah! d'une femme...

LE BARON.

Mais d'une impératrice.

ADRIENNE, faisant à part un mouvement très-marqué, et reprenant aussitôt un air froid.

Le mensonge est adroit.

LE BARON.

Comment? vous ne voulez pas me croire? je vous jure...

ADRIENNE.

Votre réputation n'est que trop bien établie; et pour croire, je veux voir.

LE BARON.

Quoi? vous voulez que je vous livre les secrets de l'état?

ADRIENNE.

Oui, monsieur.

LE BARON.

Quel caprice!

ADRIENNE.

Je le veux.

LE BARON.

(*A part.*) C'est charmant.... je le veux! après tout, cette lettre ne contient rien qu'elle ne doive bientôt savoir... mais faisons nos conventions.

ADRIENNE.

(*A part.*) Il se consulte.

LE BARON.

Eh bien! puisque vous êtes si incrédule, vous la verrez cette lettre. Mais j'ai le droit d'exiger au moins un peu de reconnaissance.

ADRIENNE.

Que faut-il faire pour vous la témoigner?

LE BARON.

Dites-moi que vous partagez mon amour.

ADRIENNE, jouant l'embarras.

Qu'exigez-vous?

LE BARON.

Cet aveu que j'ai lu dans vos yeux, doit-il être un mystère pour tout le monde?

ADRIENNE.

Comment?

LE BARON.

Daignez m'avouer ouvertement pour votre chevalier.

ADRIENNE.

C'est pousser l'exigeance un peu loin.

LE BARON, en riant.

Songez que, pour vous, je trahis...

ADRIENNE.

Quelque belle infortunée...

LE BARON.

Le secret de l'État!

ADRIENNE, à part.

Maurice, pour te servir, à quels détours faut-il que je m'abaisse!

LE BARON.

Eh bien? charmante amie...

ADRIENNE, après un temps.

Allons... il faut y consentir.

LE BARON.

Je suis au comble de la joie! et... (*On entend un grand bruit au dehors.*) Mais d'où vient donc tout ce bruit?

SCÈNE XI.

Les mêmes, MAURICE, D'ARGENTAL, MADEMOISELLE DANGEVILLE, ALPHONSE, LEGRAND, POISSON, SARRASIN, DESPRÉS, deux domestiques du comte d'Argental.

Tous ces personnages entrent bruyamment et en désordre sur les pas de Maurice, que suit Alphonse, tenant Després au collet.

MAURICE à Adrienne.

L'intérêt de votre honneur me ramène auprès de vous, madame... (*Montrant Després.*) Voici l'un de vos ravisseurs!..

ALPHONSE.

Que j'ai trouvé rôdant à la porte de cet hôtel.

LE BARON, à part.

Després! ah! diable!

MAURICE.

Et, c'est l'un de vos gens, M. le baron!

LE BARON, à part.

Quel embarras!

MAURICE, au baron.

Répondez, monsieur.

LE BARON, à part.

Si je sais que lui dire...

MAURICE.

Enfin, monsieur...

LE BARON.

Il est vrai... cet homme m'appartient.

MAURICE.

C'est lui qui entraînait madame à votre maison de Versailles... Il en a fait l'aveu.

LE BARON.

Il la conduisait.

MAURICE.

Et vous osez l'avouer!..

LE BARON.

Attendez!

ADRIENNE à part.

Que va-t-il dire?

LE BARON.

La violence n'est ici pour rien...

MAURICE.

Comment?..

LE BARON.

Madame avait daigné consentir...

ADRIENNE, bas au baron.

O ciel!.. osez-vous?..

LE BARON, bas à Adrienne.

Ne venez-vous pas de m'autoriser...

MAURICE, à Adrienne.

Vous gardez le silence?

ADRIENNE, à part.

Sacrifions-lui tout !

MAURICE.

Vous ne démentez pas une telle calomnie?..

ADRIENNE, après un temps.

Je ne le puis...

TOUS.

Que dit-elle?...

ADRIENNE, bas au baron.

Puis-je espérer?..

LE BARON, vivement et à voix basse.

Voici la lettre.

Tout le monde a fait un mouvement de douleur ou de surprise en entendant la déclaration d'Adrienne. Le rideau baisse.

FIN DU DEUXIÈME ACTE.

ACTE III.

Le Théâtre représente la loge de mademoiselle Lecouvreur, au théâtre du château de Versailles. Au fond, une porte à deux battans; une autre à gauche; à droite, une troisième donnant sur un escalier dérobé.

SCÈNE PREMIÈRE.

ADRIENNE, MADEMOISELLE DANGEVILLE, UN OFFICIER DE LA MAISON DU ROI.

(Au lever du rideau Adrienne est assise devant sa toilette.)

L'OFFICIER.

Ainsi cette nouvelle loge plaît à madame?

ADRIENNE.

Oui; je crois que j'y serai plus commodément que dans l'autre.

L'OFFICIER.

J'avais oublié de vous dire, madame, (*montrant la porte à gauche du spectateur*) que, par cette porte, l'on va au foyer de messieurs les Comédiens du roi. (*Montrant la porte à droite*). Celle-ci donne sur un escalier dérobé, que l'on construisit jadis à la prière de mademoiselle de Champmeslé...

ADRIENNE, *d'un air imposant et avec froideur.*

C'est bien, c'est bien.

L'OFFICIER.

Votre loge, mademoiselle Dangeville, est à côté. Sa Majesté reviendra de Fontainebleau à sept heures; le spectacle dont l'ordre est changé, commencera à sept heures et demie par la petite pièce.

MADEMOISELLE DANGEVILLE.

Voilà la troisième fois qu'on nous en prévient; si nous l'oublions, ce sera bien certainement notre faute.

(L'officier salue et sort.)

SCÈNE II.

ADRIENNE, MADEMOISELLE DANGEVILLE.

ADRIENNE.

Fut-il jamais un sort plus cruel que le mien?

MADEMOISELLE DANGEVILLE, pressant les mains d'Adrienne.

Mon amie!...

ADRIENNE.

Sans Maurice, hélas! je ne puis vivre, et je sacrifie tout pour qu'il m'abandonne. Un impérieux devoir...

MADEMOISELLE DANGEVILLE.

Dites le plus noble dévouement. Et moi, qui ai pu croire un instant... Ah! combien je m'en veux!

ADRIENNE.

Que de courage il m'a fallu pour ne pas repousser avec indignation la calomnie du baron!... mais empêchons-le de nuire à Maurice; ce sera là son châtiment.

MADEMOISELLE DANGEVILLE.

Quel est votre dessein?

ADRIENNE.

Va chez M. d'Argental; fais lui connaître les ordres que le baron a reçus de sa cour, et qu'il va s'empresser d'exécuter. Dis-lui... que c'est par toi qu'ils ont été surpris. Surtout, cache-lui le secret de ma conduite!

MADEMOISELLE DANGEVILLE.

Lui cacher votre secret? quoi? je souffrirais qu'on osât vous regarder avec mépris lorsque vous ne méritez que l'estime, quand vous devriez être admirée de tous!

ADRIENNE.

Hélas! mon amie, il le faut; Maurice et d'Argental lui-même doivent tout ignorer; pour mériter ma propre estime, il faut que je perde la leur.

ACTE III, SCÈNE II.

MADEMOISELLE DANGEVILLE.

O la plus généreuse des femmes! vous l'exigez...

ADRIENNE.

Chut! on vient... C'est le baron... Évitons sa présence. Va, cours chez d'Argental... (*Montrant la porte à droite*). Descends par le petit escalier; moi je vais attendre au foyer que notre ennuyeux diplomate soit parti.

MADEMOISELLE DANGEVILLE.

Je reviens dans l'instant...

ADRIENNE.

Hâte-toi... sois discrette!

(Adrienne et mademoiselle Dangeville sortent chacune sans bruit par les portes latérales. A peine ont-elles quitté la scène, que le baron montre sa tête à la porte du fond.

SCÈNE III.

LE BARON, seul.

Personne!... que diable m'a donc conté ce domestique? Je devais trouver ici l'adorable Adrienne... je ne sais pas trop maintenant si je dois l'attendre. Le ministre sera bientôt à Versailles, et il ne faut pas que je manque de le voir à son arrivée. Cependant, elle va peut-être venir... asseyons-nous un moment. (*Il s'assied*). Maintenant, me voilà plus tranquille. De toute manière le comte Maurice ne pourra partir. Et le banquier de la légation Russe qui lui fournissait justement des fonds pour son départ! M. le comte aurait bien ri de nous... heureusement j'y ai mis bon ordre. Ce cher M. de Saxe! c'est pour le coup qu'il va être furieux contre moi. Lui enlever à la fois le cœur de sa maîtresse, et le duché de Courlande!... depuis que je suis en France, j'ai été vraiment bien aise de prouver à ces messieurs de la cour qu'on peut, aussi bien qu'eux, réussir auprès de leurs princesses de théâtre. Je sais bien que ça me revient cher, fort cher; car, ces dames, par esprit national sans doute, vendent aux étrangers leur légèreté au poids de l'or.

SCÈNE IV.

LE BARON, DESPRÉS.

DESPRÉS, entrant vivement.

Ah! monseigneur, je vous cherchais partout. Je vous ai obéi... le banquier de votre légation a reçu contre-ordre. Il était tems; car c'est ce soir même qu'il devait compter quarante mille livres à M. de Saxe.

LE BARON.

A merveille.

DESPRÉS.

En vérité, monseigneur, je n'y comprends plus rien. Tantôt vous désirez le départ du comte Maurice, tantôt vous l'empêchez...

LE BARON.

Je crois bien que tu n'y comprends rien; tu ne dois rien y comprendre non plus, puisque c'est de la diplomatie. Oh! c'est terrible d'être diplomate! Le matin l'on a dit blanc; le soir il faut dire noir... quelquefois même blanc et noir; enfin, on ne sait jamais ce qu'on doit faire...

DESPRÉS.

On s'en aperçoit assez souvent. Heureusement M. de Saxe n'est plus dangereux pour vous. Je vous félicite sur votre triomphe, monseigneur. Il n'est plus question que de cela à la ville et à la cour. On s'aborde en se disant : Savez-vous la nouvelle? Quoi donc? La disgrâce du comte de... Eh! non; la passion de mademoiselle Lecouvreur pour ce bel étranger... Et puis ce sont des éloges sur votre personne, à n'en plus finir. Les femmes surtout! il est riche, disent-elles; c'est un des plus gros boyards de Moscovie..., nous en raffolons toutes. Oh! décidément, vous êtes l'homme à la mode. Ces dames vont s'arracher votre excellence.

LE BARON.

Tu m'effraies! Si je n'allais pas pouvoir suffire à mon mérite? C'est que, vois-tu, toute réflexion faite, je n'ai pas envie de me sacrifier. Ah! ça, la belle Adrienne tarde bien à paraître! J'étais venu pour lui demander...

ACTE III, SCÈNE IV.

DESPRÉS.

L'heure de sa défaite sans doute? car ce jour doit être le dernier de sa résistance.

LE BARON.

Je l'espère. Mais l'heure s'avance; il faut que je me rende chez le ministre; et je ne puis rester ici plus long-temps.

DESPRÉS.

Si monseigneur y consentait, je pourrais lui servir d'interprète auprès de sa nouvelle conquête; et j'espère que je parviendrais à la décider...

LE BARON.

Volontiers, très-volontiers; j'accepte.

DESPRÉS.

Je crois que, dans cette occasion, quelques milliers de pistoles seraient de puissans auxiliaires.

LE BARON.

Tu crois?.. il a des idées, ce garçon là! mais j'ai remarqué qu'elles étaient, en général, un peu chères.

DESPRÉS.

Il en sera ce que vous voudrez, monseigneur; mais je ne vous ai parlé que dans votre intérêt.

LE BARON.

Mon intérêt! plaisante manière de s'en occuper. Silence! quelqu'un vient...

DESPRÉS.

C'est l'aide-de-camp de votre infortuné rival.

SCÈNE V.

LES MÊMES, ALPHONSE.

ALPHONSE.

(*A lui-même en entrant.*) Mon général veut absolument obtenir de son infidèle... (*Haut au baron en l'apercevant.*) M. le baron ici! déjà!.. ce n'était pas lui que je venais y chercher; mais puisque j'ai le bonheur de l'y rencontrer, je vais m'acquitter sur-le-champ d'un message dont je suis chargé.

LE BARON.

Pour moi, mon jeune ami?

ALPHONSE.

Pour vous, monsieur.

LE BARON.

Et de qui ce message?

ALPHONSE.

De mon général.

LE BARON.

De M. de Saxe? en vérité je m'en réjouis. Parlez: que puis-je faire pour lui? je suis tout prêt...

ALPHONSE.

Il sera charmé de vous savoir dans de si bonnes dispositions. Il vous prie donc de vous trouver demain matin à la Porte-Maillot, avec deux témoins.

LE BARON.

Hein? plaît-il?

ALPHONSE.

Avec deux témoins, à la porte..

LE BARON.

J'ai parfaitement bien entendu. Ah! ça, qu'est-ce que ça signifie?

DESPRES.

C'est un duel.

LE BARON.

Parbleu! je le vois bien. Mais ça n'a pas de nom! ce M. de Saxe! c'est une querelle d'Allemand qu'il me fait là.

ALPHONSE.

Il vous laisse le choix des armes.

LE BARON.

C'est fort honnête de sa part, assurément; mais...

DESPRES, bas au baron.

Il est, dit-on, d'une force prodigieuse à toutes les armes possibles.

LE BARON, bas à Despres.

Est-ce pour me rassurer que tu me dis ça?

DESPRES.

C'est pour vous engager à éviter...

LE BARON, à voix haute.

Comment, drôle! tu oses me conseiller une lâcheté! à un homme tel moi!

ACTE III, SCÈNE V.

ALPHONSE.

Fort bien, M. le baron. Que répondrai-je à mon général?

LE BARON.

Comment, ce que vous lui répondrez?... Eh! mais, mon cher, que nous nous battrons.

ALPHONSE.

Bravo! M. le baron; c'est là répondre à la française.

LE BARON.

C'est aussi à la russe, jeune homme.

ALPHONSE.

Veuillez maintenant, monsieur, m'indiquer votre heure.

LE BARON.

Ah! oui... mon heure... (*Bas à Després.*) Dis donc, Després; cependant, si je me fais tuer demain matin, je ne serais pas fâché que ce fût pour quelque chose.

DESPRES, bas au baron.

C'est assez juste.

LE BARON.

Et jusqu'à présent ce que m'a accordé la belle Adrienne...

DESPRES.

Ne vaut vraiment pas un bon coup d'épée.

LE BARON.

Je le crois bien! ça n'en vaut seulement pas un mauvais. Ainsi avant d'aller au rendez-vous de l'amant...

DESPRES.

Il faut absolument que vous en ayiez un de sa belle... c'est entendu.

LE BARON.

Tu me rejoindras chez le ministre. (*A Alphonse.*) Vous direz à M. le comte que je serai demain matin à huit heures à la Porte-Maillot.

ALPHONSE.

Oui, M. le baron.

LE BARON, à lui-même, en sortant.

Comme c'est agréable! qu'on vienne maintenant me vanter la philosophie des amans et des maris de France.

Le baron sort. Després l'accompagne jusqu'à la porte, et reste au fond

SCÈNE VI.

ALPHONSE, DESPRÉS, puis ADRIENNE.

ALPHONSE, à lui même, sur le devant de la scène.

Maintenant, cherchons Adrienne. Mon second message me coûte plus à remplir que le premier. Avoir trahi mon général! et pour qui? O les femmes! les femmes! ce n'est pas parce que je suis homme, que je dis ça; mais en vérité... La voici!

ADRIENNE, paraissant sur le seuil de la porte à gauche.

Le baron s'est retiré... (*Apercevant Alphonse.*) Vous ici, Alphonse?

ALPHONSE, avec un peu d'amertume.

Pardon, madame... je vous importune peut-être. Voici le messager de M. le baron; sans doute il a quelque chose d'important à vous communiquer. Cependant, permettez-moi de vous dire, madame, que mon général vous demande un moment d'entretien...

ADRIENNE, vivement, et d'abord avec un mouvement de joie.

Maurice!... (*Se reprenant et affectant un air froid.*) M. de Saxe veut me parler?... à quoi bon?... j'en suis fâchée; mais dans ce moment... il m'est impossible de le recevoir.

ALPHONSE.

Ah!... (*S'inclinant.*) Je vais le lui annoncer.

DESPRES, à part.

Bravo!

ALPHONSE, à part.

Je comprends... l'on attend le chambellan Moscovite. Et puis, croyez donc aux grandes passions de ces dames!... (*A Adrienne.*) Adieu, madame. (*Il s'éloigne. Prêt à sortir, il rencontre mademoiselle Dangeville. Bas et vivement à mademoiselle Dangeville.*) Si vous restez plus long-temps l'amie de cette femme-là, je me brouille avec vous pour toujours!

Il sort. Mademoiselle Dangeville veut le retenir, et reste un moment sur le seuil de la porte du fond.

SCÈNE VII.

ADRIENNE, DESPRÉS, MADEMOISELLE DANGEVILLE.

ADRIENNE, à part.

Aimable enfant! je lui suis bien odieuse en ce moment! ah, que je lui sais gré de sa haine!

DESPRES, s'approchant d'Adrienne.

Mademoiselle, M. le baron, mon maître, espère qu'il pourra ce soir vous voir quelques instans, et je suis chargé...

MADEMOISELLE DANGEVILLE, descendant vivement la scène, et entraînant Adrienne sur l'un des côtés du théâtre.

Je sors de chez M. d'Argental...

ADRIENNE.

Eh bien!

MADEMOISELLE DANGEVILLE.

Il tremble que les projets de Maurice ne soient détruits sans retour.

ADRIENNE.

O ciel! explique-toi.

MADEMOISELLE DANGEVILLE.

M. de Saxe n'a pu voir le ministre, puisqu'il est encore à Fontainebleau avec le roi.

ADRIENNE.

Mais il va sans doute arriver tout-à-l'heure à Versailles avec Sa Majesté.

MADEMOISELLE DANGEVILLE.

Oui; mais il en repartira presqu'aussitôt pour sa terre de Picardie.

ADRIENNE.

Maurice profitera de ce moment.

MADEMOISELLE DANGEVILLE.

Impossible! En sa qualité d'envoyé de Russie, le baron obtiendra audience le premier, et le ministre, instruit alors des intentions de la Czarine, empêchera, sous un prétexte quelconque, le départ de M. de Saxe.

DESPRES, à part.

Que diable ont elles à se dire? (*Haut à Adrienne.*) veuillez, mademoiselle...

ADRIENNE, bas à mademoiselle Dangeville.

Il faudrait empêcher le baron de voir le ministre.

MADEMOISELLE DANGEVILLE.

Mais comment? Il est déjà, sans doute, installé chez son excellence.

ADRIENNE, à elle-même.

Ah! j'imagine un moyen... que je devrais repousser peut-être.

MADEMOISELLE DANGEVILLE.

Quoi donc?

ADRIENNE, après un temps.

Mais c'est le seul... Maurice partira!

(Elle court à sa toilette et se dispose à écrire. Mademoiselle Dangeville vient près d'elle.)

MADEMOISELLE DANGEVILLE.

Quel est donc votre projet?

ADRIENNE, écrivant.

Lis.

MADEMOISELLE DANGEVILLE, lisant des yeux à mesure qu'Adrienne écrit.

Des expressions tendres... des paroles d'amour... cette lettre est pour Maurice?

ADRIENNE.

Non, pour le baron.

MADEMOISELLE DANGEVILLE.

Je ne devine pas...

ADRIENNE.

Attends donc!

DESPRES, à lui-même.

On nous écrit? c'est bon signe.

MADEMOISELLE DANGEVILLE, lisant.

« Il faut absolument que je vous voie à l'instant même... » votre présence peut seule en ce moment rendre le calme à » mon cœur... » (*parlant*) Ah! j'y suis maintenant! (*lisant*) « Pour n'être vu de personne, vous monterez à ma loge par » l'escalier dérobé... » (*parlant*) à merveille! Ce pauvre baron! Je le vois déjà accourir, plein de sa tendre flamme..., et l'amant passionné oublie tout auprès de l'objet qu'il adore. Voilà une ruse!...

ADRIENNE.

Elle me sera pardonnée. N'est-ce pas pour Maurice que je l'emploie?

ACTE III, SCÈNE VII.

MADEMOISELLE DANGEVILLE.

C'est égal; six mois de coulisses en apprendraient plus à nos apprentis ambassadeurs, que deux ans de séjour dans toutes les capitales de l'Europe.

(Tandis que mademoiselle Dangeville a parlé, Adrienne a mis son cachet à sa lettre.)

ADRIENNE, donnant la lettre à Després.

Remettez sur-le-champ ce billet à monsieur le baron.

DESPRES, à part, en sortant.

Vivat! nous l'emportons!

SCÈNE VIII.

ADRIENNE, MADEMOISELLE DANGEVILLE.

MADEMOISELLE DANGEVILLE.

C'est très-bien, oui, voilà un obstacle écarté; mais ce n'est pas tout, car il est dit que vous aurez cent fois plus de peine pour faire partir un amant que vous adorez, que vous n'en auriez eu à le retenir.

ADRIENNE.

Qu'y a-t-il donc encore?

MADEMOISELLE DANGEVILLE.

Tandis que j'étais chez M. d'Argental, Alphonse est venu lui annoncer que le banquier de la légation russe qui avait promis des fonds à M. le comte de Saxe, ne pouvait tenir sa parole. C'est encore un tour de notre Moscovite.

ADRIENNE.

Ah mon Dieu! quel nouvel embarras! comment prévenir?.. Je ne puis disposer d'aucune somme.

(En ce moment l'on entend la sonnette du théâtre.)

MADEMOISELLE DANGEVILLE.

Entendez-vous? on sonne le premier coup. Le spectacle ne va pas tarder à commencer.

ADRIENNE.

Il nous reste si peu d'instants! Quel parti prendre? (*à elle même.*) Mais quelle idée... oui, n'hésitons pas.

Elle recourt à sa toilette et y prend son écrin.

MADEMOISELLE DANGEVILLE,
sur le devant de la scène, sans faire attention au mouvement d'Adrienne.

Un grand seigneur, un comte de Saxe partir pour conquérir un trône, et n'avoir pas même de quoi payer les frais du voyage ! On le dirait qu'on ne le croirait pas.

ADRIENNE, revenant vivement près de mademoiselle Dangeville.

Mon amie, va, cours chez mon bijoutier, M. Germain.... il te connaît.... porte-lui tous mes diamans... c'est pour Maurice que j'aimais à m'en parer; il m'est doux encore de lui en faire le sacrifice.

MADEMOISELLE DANGEVILLE.

Quel beau trait ! donner ses diamans ! se priver du nécessaire !

ADRIENNE.

Demande à Germain sur cet écrin dix mille écus. Fais parvenir cet argent à Maurice, de la part du banquier... tu m'entends?.. va, mon amie, ma meilleure amie; je compte sur ton zèle et ton adresse.

MADEMOISELLE DANGEVILLE.

Oui, oui, comptez-y... je vous aime bien; oh! mais je crois que je vous admire encore davantage ! Voilà un bel exemple pour nos dames... mais je crains bien qu'il ne soit pas contagieux.

Mademoiselle Dangeville, sort vivement par la porte de l'escalier dérobé.

SCÈNE IX.

ADRIENNE, seule, puis une femme de chambre.

Ah ! sera-t-il temps encore... (*Regardant la pendule,*) l'heure s'avance... il faut que je songe à ma toilette. (*Elle sonne. Une femme de chambre paraît.*) Rose, coiffez-moi. (*La femme de chambre la coiffe, et arrange diverses autres parties de sa toilette de théâtre; pendant tout ce temps, Adrienne continue:*) Dans peu d'instans, je vais paraître aux yeux de toute la cour; il faudra que j'affecte une gaîté qui sera bien loin de mon cœur. Mais le Baron ne paraît pas... Ma lettre n'aurait-elle eu sur lui aucun empire ? Situation cruelle et bizarre ! Pourrait-on croire qu'Adrienne, le cœur plein de l'image de Maurice, appelât de tout ses vœux son rival ! Mais il me semble entendre de ce côté... (*A la femme de chambre.*)

Rose, éloignez-vous. (*La femme de chambre sort par la porte à gauche. Adrienne s'avance vers la porte de l'escalier dérobé, place sa tête contre la porte, et écoute. En ce moment la porte du fond s'ouvre; Maurice entre, s'arrête au fond et considère un moment Adrienne. Celle-ci continue.*) Hélas! naguère ce bruit m'annonçait sa présence... Et dans un moment, c'est un autre!... mais je n'entends plus rien... je me serai trompée... (*Se retournant et apercevant Maurice.*) Ciel! Maurice!

SCÈNE X.

ADRIENNE, MAURICE.

MAURICE.

Ma présence vous étonne, madame?

ADRIENNE, dans le plus grand trouble.

Monsieur... Monsieur... (*A part.*) Si le baron vient, plus d'espoir! Armons-nous de tout mon courage. (*Haut.*) J'avais dit à Alphonse...

MAURICE, avec amertume.

Que vous ne pouviez me recevoir; je le sais. Mais vous avez eu tort de penser que je me laisserais impunément trahir.

ADRIENNE, à part.

Je tremble!...

MAURICE.

Et le fut-on jamais si indignement que moi! Perfide! ces tendres reproches que vous m'adressiez ce matin, ces craintes de ne plus être aimée de moi, auxquelles vous prêtiez une expression si touchante; ce n'était donc qu'un piége que vous tendiez à mon amour? vous n'affectiez de me croire infidèle que pour vous ménager le prétexte de le devenir vous même.

ADRIENNE, à part.

Quel supplice!

MAURICE.

Eh bien! soyez satisfaite... j'ai été complètement votre dupe... Ah! il faut vous rendre justice... jamais vous n'avez mieux joué la comédie.

ADRIENNE, à part et versant des larmes.

Mon cœur est brisé !

MAURICE.

Que vois-je ? vous pleurez !

ADRIENNE, essuyant vivement ses larmes.

Moi ?.. non, monsieur.

MAURICE.

Adrienne, un mot d'amour, et je tombe à tes pieds ! Te l'avourai-je ? Malgré tes dédains, je ne puis me persuader encore qu'un autre m'ait remplacé dans ton âme. Cette idée seule m'a ramené près de toi... Oh ! dis-moi que tu n'as feint de trahir tes sermens, que pour me punir d'avoir voulu oublier les miens !

ADRIENNE, à part.

Aurai-je la force de résister à la séduction de ses paroles !

MAURICE

Réponds...

ADRIENNE.

Laissez-moi !

MAURICE, montrant la porte de l'escalier dérobé.

Je l'exige... J'entends du bruit... on vient de ce côté.

ADRIENNE, à part.

Ciel ! (*Haut.*) M. le comte, retirez-vous.

MAURICE

C'est le baron, sans doute !... Je veux voir comment il soutiendra ma présence.

ADRIENNE

Je vous en conjure !...

MAURICE

Non, non, c'est devant vous que je veux le punir.

ADRIENNE.

J'embrasse vos genoux !

MAURICE.

Vous à mes pieds... O ciel ! et c'est pour cet indigne rival ! Ah ! madame, jamais vous ne m'avez aimé autant que lui.

SCÈNE XI.

LES MÊMES, ALPHONSE.

ALPHONSE, paraissant brusquement à la porte du fond et s'arrêtant sur le seuil.

Mon général, le ministre vous attend dans son cabinet.

ADRIENNE.

Vous l'entendez?.. Vous n'avez pas un instant à perdre... N'écoutez désormais que la voix de l'honneur et les conseils de votre gloire.

MAURICE.

Vos désirs seront accomplis, madame... Mais avant de partir, du moins, je serai vengé!

(Il sort avec Alphonse.)

SCÈNE XII.

ADRIENNE, puis LE BARON.

ADRIENNE, un moment seule.

Se venger? hélas!.. et de qui?.. J'ai pu résister à son amour, à son désespoir... mais, je le sens, ce sera aux dépens de ma vie. Mes forces sont près de me trahir... (*Entendant frapper à la porte de l'escalier dérobé.*) Voici le baron... Encore une épreuve!.. ah! ce sera la dernière...(*Elle ouvre la porte. Le baron paraît. Elle s'assied.*) Enfin, c'est vous, baron!.. je vous attendais avec impatience.

LE BARON.

Combien ces paroles sont douces à entendre de votre bouche! (*En lui baisant la main.*) ah! ma charmante amie, laissez-moi presser cette jolie main; elle a tracé le plus délicieux billet!.. il m'a ravi, transporté; en le recevant, j'ai tout oublié pour accourir près de vous.

ADRIENNE.

Je vous sais gré de votre empressement.

LE BARON

Qu'il m'est doux de penser que c'est votre cœur qui l'a dicté!

ADRIENNE.

Oui, baron, soyez-en certain; c'était mon cœur qui m'inspirait ce langage! Vous ne savez pas combien je suis heureuse de vous voir près de moi.

LE BARON.

Adorable Adrienne! (*Jetant un coup-d'œil autour de lui, et s'asseyant auprès d'Adrienne.*) Personne ne peut nous surprendre?

ADRIENNE un peu troublée.

Comment, monsieur?..

LE BARON.

Le mystère ne fait-il pas tout le prix d'un tendre rendez-vous?

ADRIENNE.

Mais, monsieur, je prétends...

LE BARON.

Ma charmante... au point où nous en sommes... (*D'un ton un peu piqué.*) Mais ne partageriez-vous donc pas tout l'amour que vous m'avez inspiré?

Il fait un mouvement pour se lever.

ADRIENNE, très-vivement.

Ah! pouvez-vous douter... (*A part jetant un coup-d'œil sur la pendule.*) Chaque minute est un siècle!

LE BARON.

Eh bien! bel ange, daignez donc me le prouver...

ADRIENNE.

Monsieur...

LE BARON.

Serez-vous toujours insensible? N'ai-je pas assez langui dans les ennuis de l'attente?

ADRIENNE, à part.

Odieuse contrainte!

LE BARON.

Désormais tous mes soins, tous mes efforts seront pour vous plaire; et, je vous en fais le serment, mon amour ne finira... (*La pendule sonne, le baron y jette les yeux; à part.*) Sept heures un quart!.. (*Haut.*) Qu'à mon dernier jour... (*A part.*) Et le ministre qui doit être arrivé à sept heures!..

ACTE III, SCÈNE XI.

ADRIENNE.
Qu'avez-vous? D'où vient ce trouble subit.

LE BARON.
Rien... rien... je suis tout entier à vous, à mon bonheur...
La pendule va bien?

ADRIENNE, *vivement.*
Elle avance.

LE BARON, *tirant sa montre et se levant.*
Non pas!.. elle retarde au contraire!

ADRIENNE, *se levant.*
Comment donc baron? Mais vous me feriez penser que
vous avez compté les instans près de moi?

LE BARON.
Pardon, pardon, ma reine... (*A part.*) C'est vrai, ça n'est
pas galant; cependant il faut que j'exécute les ordres de
l'impératrice.

ADRIENNE.
Monsieur le baron, je ne vous comprends pas; Vous aviez
tant de choses à me dire!..

LE BARON.
Oui, certainement, oui...(*A part.*) Ah! mon Dieu faut-il
donc la quitter dans un pareil moment!.. mais la Sibérie!

ADRIENNE, *à part.*
O ciel! j'aurai perdu tout le fruit de ma ruse! (*Haut.*)
Venez donc vous asseoir.

LE BARON.
Excusez... mais je songe... un impérieux devoir...

Il va à la porte du fond.

ADRIENNE.
Eh quoi? déjà vous me quittez?

LE BARON.
J'y suis forcé... bien malgré moi, je vous assure... Croyez
qu'il m'en coûte autant qu'à vous...

Il veut sortir, Adrienne l'arrête.

ADRIENNE.
Mais quelle affaire si pressée...

LE BARON.
Avec le ministre.

ADRIENNE, *même jeu.*
Vous allez le voir au spectacle.

LE BARON.

Il serait trop tard... Ne me retenez plus... adieu! adieu!

ADRIENNE, à part.

Tout est perdu !

Le baron a couru vers la porte du fond. Il va sortir. Maurice paraît.

SCÈNE XIII.

Les mêmes, MAURICE.

MAURICE, au baron.

Restez !

ADRIENNE, avec une exclamation douloureuse.

C'est encore lui !

LE BARON, reculant devant Maurice.

Monsieur... monsieur...

MAURICE.

Pardonnez, madame, si de nouveau je vous importune de ma présence. C'est monsieur seul que je viens chercher en ces lieux; j'étais certain de l'y trouver, et le peu de momens qui me reste n'admettait point de retard.

LE BARON.

Mille pardons, monsieur le comte... mais je ne puis m'arrêter...

Il veut sortir, Maurice le retient encore.

MAURICE.

Restez, vous dis-je!

LE BARON.

Mais, monsieur !...

MAURICE.

Mon sort est fixé. Le vôtre va l'être.

ADRIENNE, à part.

Que dit-il?

LE BARON.

Que signifie ?...

MAURICE.

La satisfaction que je vous ai demandée ne peut plus être remise à demain; il me la faut à l'instant même...

LE BARON.

A l'instant, M. le comte? Vous avez eu ma réponse.

ACTE III, SCÈNE XII.

ADRIENNE

Maurice... M. le comte, que faites-vous? Un duel! et j'en serais la cause!... Non, non, veuillez m'entendre... expliquez-moi...

MAURICE.

Adieu, madame!... (*Au baron, avec colère.*) Marchons! monsieur.

LE BARON.

Marchons? je ne demande pas autre chose... (*A part.*) Courons chez le ministre!

ADRIENNE, à Maurice.

Je vous en conjure!...

Maurice, sans vouloir écouter Adrienne, va suivre les pas du baron qui s'est de nouveau élancé vers la porte. Les personnages de la scène suivante entrent.

SCÈNE XIV.

LES MÊMES, D'ARGENTAL, ALPHONSE, MADEMOISELLE DANGEVILLE.

Le baron prêt à sortir tombe dans les bras de d'Argental qui le ramène à l'avant-scène.

D'ARGENTAL.

Où courez-vous donc ainsi, baron?

LE BARON, à part.

A l'autre!

MAURICE.

Laissez-nous, mon ami!...

D'ARGENTAL, au baron.

Le ministre vous demandait tout-à-l'heure.

LE BARON.

Je me rends près de lui.

D'ARGENTAL.

C'est inutile; il monte en voiture.

LE BARON.

Pas possible!

ALPHONSE.

Il part.

MADEMOISELLE DANGEVILLE.

Il est parti!

D'ARGENTAL.

Ah mon Dieu! il n'est resté à Versailles que le temps nécessaire pour donner à M. de Saxe l'autorisation de quitter la France.

LE BARON, à part.

Et de m'envoyer en Sibérie!... (*Haut à Maurice.*) Vous triomphez, M. le comte!... mais je vous engage à ne pas compter sur les fonds du banquier de ma légation.

MAURICE.

Que voulez-vous dire? je les ai touchés.

LE BARON.

C'est impossible!

ALPHONSE.

M. le baron a raison, mon général; c'est un autre...

MAURICE, D'ARGENTAL, LE BARON.

Un autre?..

Adrienne cherche à cacher son trouble et son émotion.

ALPHONSE, jetant un coup d'œil sur Adrienne.

Oui.

MAURICE, D'ARGENTAL.

Expliquez-vous!

ALPHONSE.

Oh! ma foi, la discrétion n'est pas ma vertu favorite, à moi...

MADEMOISELLE DANGEVILLE, vivement et bas.

Alphonse...

ALPHONSE.

En parlant trop ce matin, j'ai pensé tout perdre; maintenant, je serais coupable de me taire.

TOUS, excepté Adrienne et mademoiselle Dangeville.

Parlez! parlez!

ALPHONSE.

Je sortais de chez le banquier, et j'allais chez M. d'Argental; je rencontre mademoiselle Dangeville; elle quittait Germain; je l'interroge... À qui pouvait-elle se fier mieux qu'à moi?

MADEMOISELLE DANGEVILLE, à part.

Il y paraît!

ALPHONSE.

Que m'apprend-elle? La plus admirable des femmes vous

faisait parvenir en secret le prix de ses diamans, de ses bijoux... et cette femme, cette amie, (*Au baron.*) est celle qui, pour vous punir, M. le baron, a si bien su vous retenir ici, pendant que mon général avait son audience du ministre.

Élan général d'admiration. Tous s'empressent autour d'Adrienne. Le Baron paraît confondu.

MAURICE, *tombant aux pieds d'Adrienne.*

Adrienne!... me pardonnerez-vous mes soupçons odieux, mes transports jaloux?..

ADRIENNE, *tendant la main à Maurice.*

Les ai-je accusés?

MAURICE.

Oui, c'est avec orgueil que j'accepte tes services; oui, je suis fier de le dire, si bientôt je monte sur un trône, c'est à toi que j'en devrai le premier hommage!

ADRIENNE.

Maurice, de grâce...

D'ARGENTAL.

Mon amie, pardonnez-moi de vous avoir soupçonnée; mais vous avez si bien joué votre rôle, que j'y ai été pris.

LE BARON, *à part avec un soupir*

Et moi aussi! (*A Maurice en affectant un air léger*). M. le comte, faudra-t-il toujours me rendre à la Porte-Maillot?

MAURICE.

Si M. le baron l'exige...

LE BARON.

Pas du tout!... Je ne suis pas assez peu délicat pour arrêter votre départ par de pareils moyens.

SCÈNE XV ET DERNIÈRE.

LES MÊMES, LEGRAND, Divers Employés du Théâtre.

La porte du fond s'ouvre. Legrand entre vivement. Les employés du théâtre restent sur le seuil.

LEGRAND.

Mademoiselle, le Roi vient d'entrer dans sa loge; on va commencer.

ADRIENNE LECOUVREUR.

D'ARGENTAL, allant près de Maurice.

Allons, mon ami, voici l'instant du départ.

(Tout le monde, à l'annonce faite par Legrand, est resté un moment immobile. Adrienne, la première, s'efforce de surmonter sa douleur, s'avance vers la porte du fond, appuyée sur mademoiselle Dangeville.

ADRIENNE.

Maurice, c'est la dernière fois que je vous vois...

MAURICE, faisant un pas vers elle.

Non! je ne puis me séparer de toi!...

D'ARGENTAL, l'entraînant vers une des portes latérales.

Il le faut!

Maurice, d'Argental et Alphonse sont près de la porte de l'escalier dérobé. Tous les autres personnages ont remonté la scène.

ADRIENNE, prête à sortir, à Maurice.

Pensez à moi!...

LEGRAND, vivement à Adrienne.

Le rideau se lève!

(Le rideau tombe.)

FIN DU TROISIÈME ET DERNIER ACTE.

www.ingramcontent.com/pod-product-compliance
Lightning Source LLC
LaVergne TN
LVHW022125080426
835511LV00007B/1027